Impressum
Verlag: BABADADA GmbH, Nedderfeld 112 , 22529 Hamburg
Geschäftsführer / Verlagsleitung: Harald Hof
Druck: Books on Demand GmbH, In de Tarpen 42, 22848 Norderstedt

Imprint
Publisher: BABADADA GmbH, Nedderfeld 112 , 22529 Hamburg, Germany
Managing Director / Publishing direction: Harald Hof
Print: Books on Demand GmbH, In de Tarpen 42, 22848 Norderstedt

學校
koulu

教室
luokkahuone

除
jakaa

186/2

黑板
taulu

校園
koulunpiha

老師
opettaja

紙
paperi

書寫
kirjoittaa

筆
kynä

辦公桌
kirjoituspöytä

直尺
viivoitin

書
kirja

學生
oppilas

書包

reppu

鉛筆盒

penaali

鉛筆

lyijykynä

削鉛筆機

kynänteroitin

橡皮擦

pyyhekumi

畫板

piirustuslehtiö

圖畫

piirustus

畫筆

pensseli

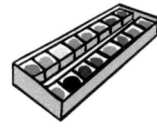

顏料盒

vesivärit

剪刀

sakset

膠水

liima

練習冊

harjoituskirja

家庭作業

kotitehtävä

數字

luku

加

lisätä

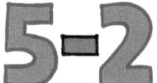

減

vähentää

乘

kertoa

計算

laskea

字母

kirjain

ABCDEFG HIJKLMN OPQRSTU VWXYZ

字母表

aakkoset

hello

字

sana

課文

teksti

讀

lukea

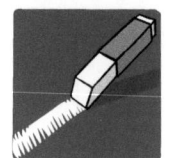

粉筆

liitu

上課

oppitunti

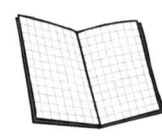

登記

opettajan muistikirja

考試

koe

證書

todistus

校服

koulupuku

教育

koulutus

百科全書

sanakirja

大學

yliopisto

顯微鏡

mikroskooppi

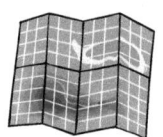

地圖

kartta

廢紙簍

roskakori

旅行
matka

飯店
hotelli
Grand
青年旅社
retkeilymaja
ROOMS
EXCHANGE
外幣兌換處
rahanvaihto
手提箱
matkalaukku
汽車
auto

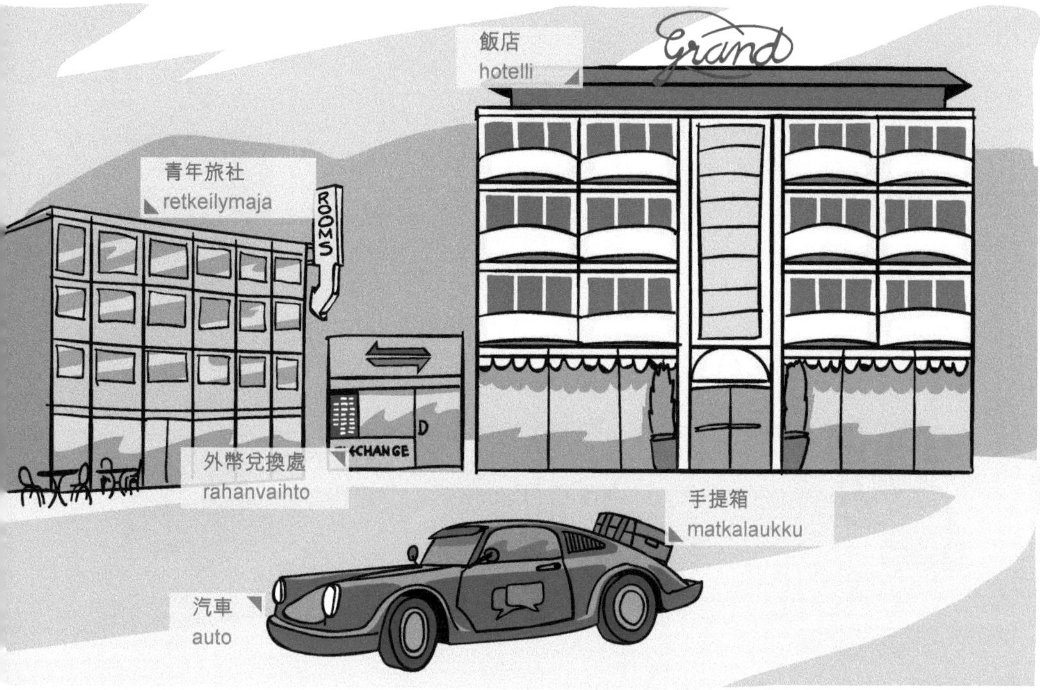

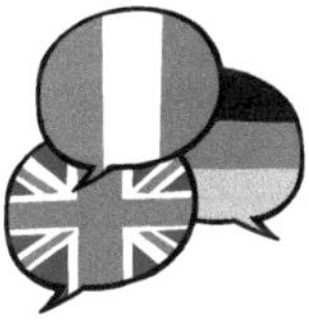

語言

kieli

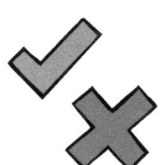

是/否

kyllä / ei

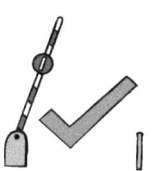

好的

selvä

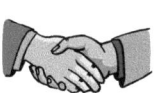

您好

hei

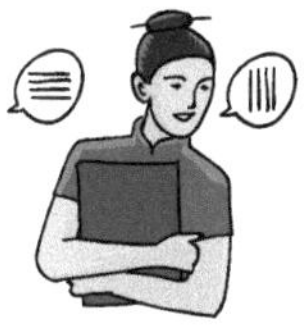

翻譯人員

tulkki

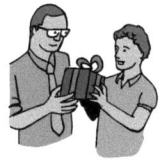

謝謝

kiitos

……多少錢？

Paljonko...maksaa?

我不明白

en ymmärrä

問題

ongelma

晚上好！

Hyvää iltaa!

早上好！

Hyvää huomenta!

晚安！

Hyvää yötä!

再見

näkemiin

方向

suunta

行李

matkatavarat

包

laukku

背包

reppu

客人

vieras

房間

huone

睡袋

makuupussi

帳篷

teltta

旅行資訊

turisti-info

海灘

ranta

信用卡

luottokortti

早餐

aamupala

午餐

lounas

晚餐

päivällinen

票

matkalippu

電梯

hissi

郵票

postimerkki

邊界

raja

海關

tulli

大使館

suurlähetystö

簽證

viisumi

護照

passi

交通運送
kuljetus

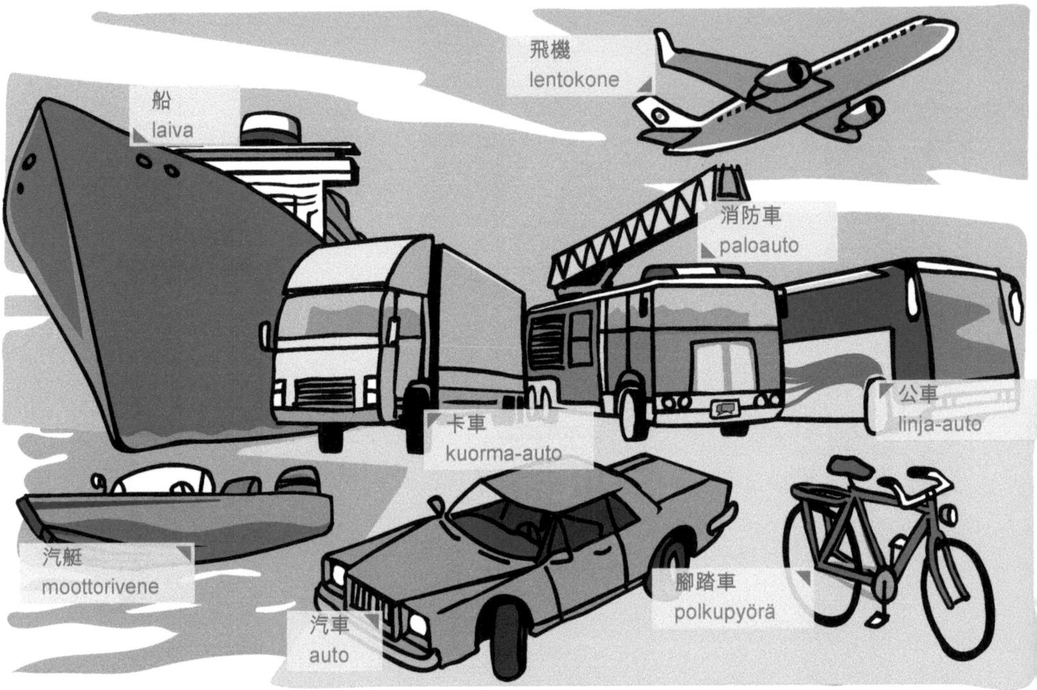

飛機
lentokone
船
laiva
消防車
paloauto
公車
linja-auto
卡車
kuorma-auto
汽艇
moottorivene
腳踏車
polkupyörä
汽車
auto

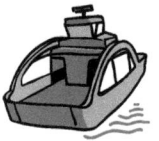

渡輪
lautta

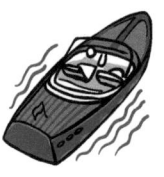

小船
vene

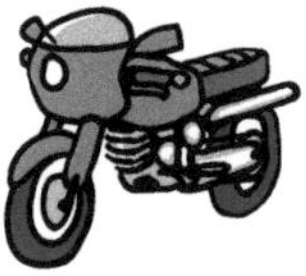

機車
moottoripyörä

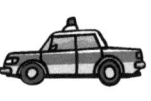

警車
poliisiauto

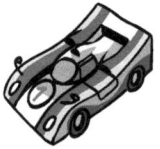

賽車
kilpa-auto

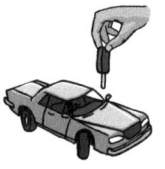

租車
vuokra-auto

拼車

car sharing

拖車

hinausauto

垃圾車

roska-auto

馬達

moottori

汽油

polttoaine

加油站

huoltoasema

交通標識

liikennemerkki

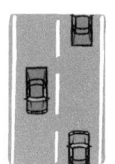

交通

liikenne

交通堵塞

ruuhka

停車場

parkkipaikka

火車站

rautatieasema

軌道

raiteet

火車

juna

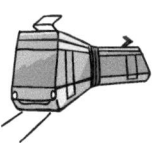

路面電車

raitiovaunu

客車廂

vaunu

直升機

helikopteri

機場

lentokenttä

塔

lähilennonjohto

乘客

matkustaja

集裝箱

kontti

紙板箱

pahvilaatikko

手推車

kärryt

籃子

kori

起飛/降落

nousta / laskea

城市
kaupunki

村莊

kylä

市中心

keskusta

房子

talo

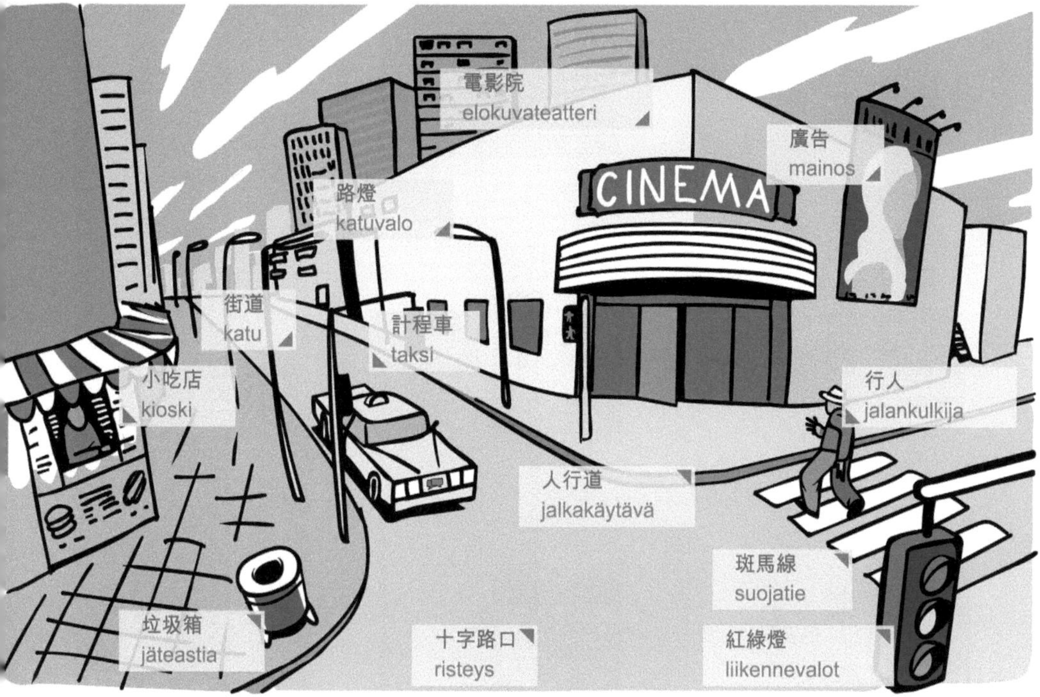
電影院
elokuvateatteri
CINEMA
廣告
mainos
路燈
katuvalo
街道
katu
計程車
taksi
小吃店
kioski
行人
jalankulkija
人行道
jalkakäytävä
斑馬線
suojatie
垃圾箱
jäteastia
十字路口
risteys
紅綠燈
liikennevalot

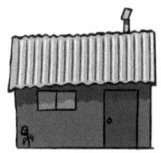

小屋

mökki

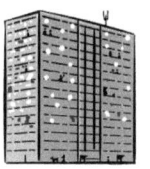

公寓

kerrostalo

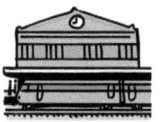

火車站

rautatieasema

市政廳

kaupungintalo

MUSEUM

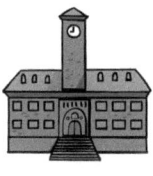

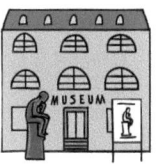

博物館

museo

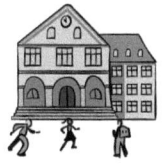

學校

koulu

大學

yliopisto

銀行

pankki

醫院

sairaala

飯店

hotelli

藥房

apteekki

辦公室

toimisto

書店

kirjakauppa

商店

liike

花店

kukkakauppa

超市

supermarketti

市場

tori

百貨商店

tavaratalo

魚店

kalakauppias

購物中心

ostoskeskus

海港

satama

公園

puisto

長凳

penkki

橋

silta

樓梯

portaat

捷運

metro

隧道

tunneli

公車站

linja-autopysäkki

酒吧

baari

餐館

ravintola

郵筒

postilaatikko

路標

katukyltti

停車計時器

parkkimittari

動物園

eläintarha

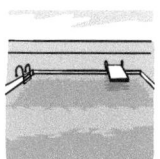

游泳池

uimala

清真寺

moskeija

農場

maatila

污染

ympäristön saastuminen

墓地

hautausmaa

教堂

kirkko

操場

leikkikenttä

寺廟

temppeli

地形
maisema

樹葉
lehti

指示牌
tienviitta

路
tie

草地
niitty

石頭
kivi

樹
puu

徒步旅行者
retkeilijä

河
joki

草
ruoho

花
kukka

峽谷

laakso

丘陵

vuori

湖

järvi

森林

metsä

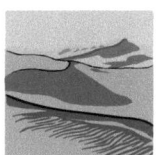

沙漠

aavikko

火山

tulivuori

城堡

linna

彩虹

sateenkaari

蘑菇

sieni

棕櫚樹

palmu

蚊子

hyttynen

蒼蠅

kärpänen

螞蟻

muurahainen

蜜蜂

mehiläinen

蜘蛛

hämähäkki

甲蟲
kovakuoriainen

青蛙
sammakko

松鼠
orava

刺蝟
siili

野兔
jänis

貓頭鷹
pöllö

鳥
lintu

天鵝
joutsen

野豬
villisika

鹿
peura

麋鹿
hirvi

水壩
pato

風力發電機
tuulimylly

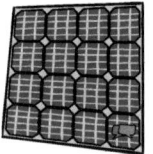

太陽能電池板
aurinkopaneeli

氣候
ilmasto

餐館
ravintola

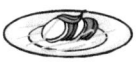

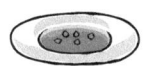

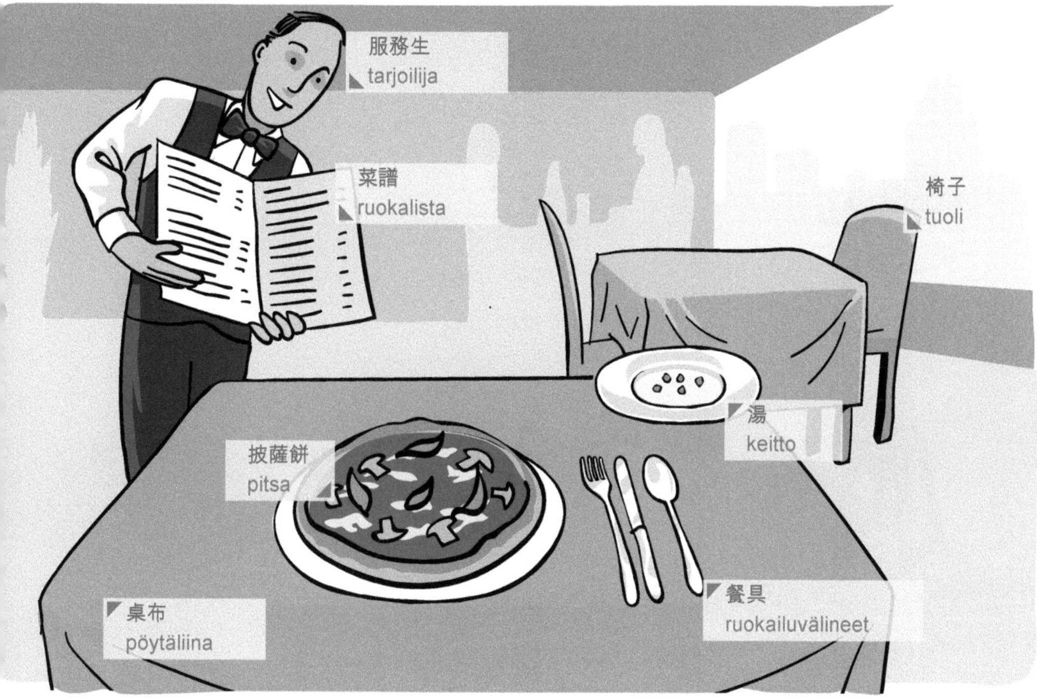
服務生
tarjoilija
菜譜
ruokalista
椅子
tuoli
湯
keitto
披薩餅
pitsa
餐具
ruokailuvälineet
桌布
pöytäliina

前菜

alkuruoka

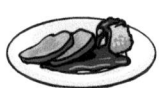

主菜

pääruoka

甜點

jälkiruoka

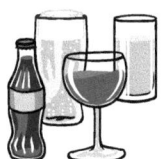

飲料

juomat

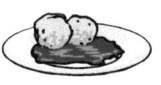

食物

ruoka

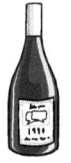

瓶子

pullo

速食

pikaruoka

街邊小吃

katuruoka

茶壺

teekannu

糖盒

sokeriastia

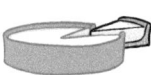

一份飯菜

annos

義式咖啡機

espressokeitin

高腳椅

syöttötuoli

帳單

lasku

托盤

tarjotin

刀

veitsi

餐叉

haarukka

勺子

lusikka

茶匙

teelusikka

餐巾

servietti

玻璃杯

lasi

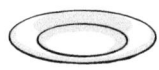

碟子

lautanen

湯盤

syvä lautanen

碟子

aluslautanen

醬

kastike

鹽瓶

suolasirotin

胡椒研磨罐

pippurimylly

醋

etikka

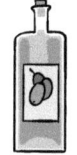

食用油

öljy

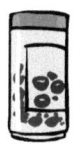

調味料

mausteet

番茄醬

ketsuppi

芥末

sinappi

美乃滋

majoneesi

超市

supermarketti

特價
tarjous
FOR
顧客
asiakas
乳製品
maitotuotteet
水果
hedelmät
購物車
ostoskärryt

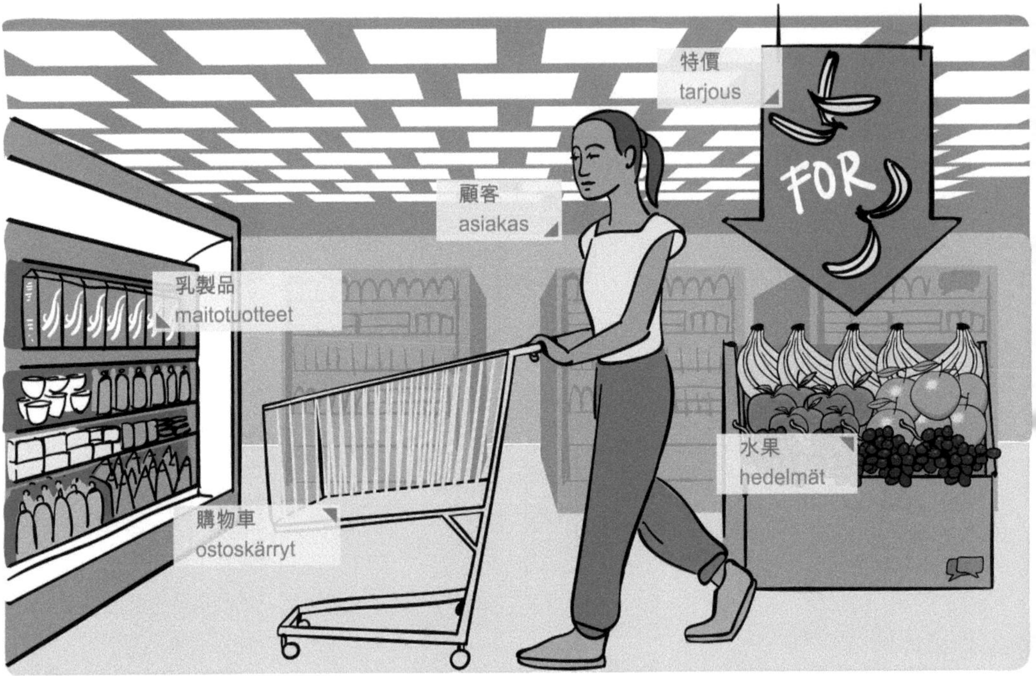

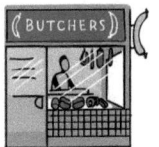

BUTCHERS

肉鋪

teurastamo

BAKERY

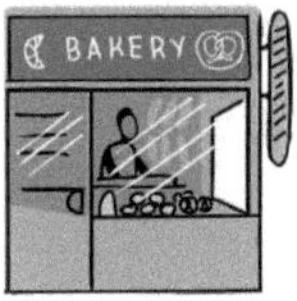

麵包店

leipomo

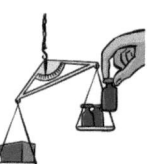

稱重

punnita

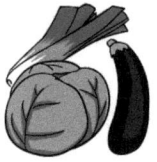

蔬菜

kasvikset

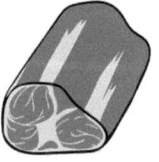

肉

liha

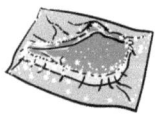

冷凍食品

pakasteet

冷盤
leikkele

罐頭食品
säilykkeet

洗衣粉
pesujauhe

甜食
makeiset

日用品
kotitaloustarvikkeet

清潔用品
puhdistusaineet

銷售員
myyjä

收銀機
kassa

收銀員
kassanhoitaja

購物清單
ostoslista

開放時間
aukioloajat

錢包
lompakko

信用卡
luottokortti

袋子
kassi

塑膠袋
muovipussi

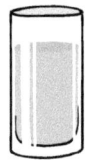

水

vesi

果汁

mehu

牛奶

maito

可樂

kokis

紅酒

viini

啤酒

olut

酒

alkoholi

可可

kaakao

茶

tee

咖啡

kahvi

義式濃縮咖啡

espresso

卡布奇諾

cappuccino

香蕉

banaani

蘋果

omena

柳丁

appelsiini

西瓜

meloni

檸檬

sitruuna

胡蘿蔔

porkkana

大蒜

valkosipuli

竹子

bambu

洋蔥

sipuli

蘑菇

sieni

堅果

pähkinät

麵條

spagetti

義大利麵

spagetti

米飯

riisi

沙拉

salaatti

薯條

ranskalaiset

炸馬鈴薯

paistetut perunat

披薩餅

pitsa

漢堡

hampurilainen

三明治

voileipä

炸豬排

leike

火腿

kinkku

義大利臘腸

salami

香腸

makkara

雞肉

kana

烤肉

paisti

魚

kala

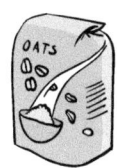

燕麥片

kaurahiutaleet

木斯里

mysli

玉米片

murot

麵粉

jauho

牛角麵包

voisarvi

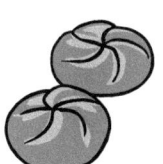

麵包捲

sämpylä

麵包

leipä

吐司

paahtoleipä

餅乾

keksit

奶油

voi

凝乳

rahka

蛋糕

kakku

蛋

kananmuna

煎蛋

paistettu kananmuna

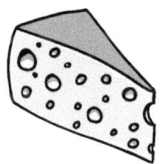

起司

juusto

冰淇淋
jäätelö

糖
sokeri

蜂蜜
hunaja

果醬
hillo

巧克力醬
suklaapähkinälevite

咖哩
curry

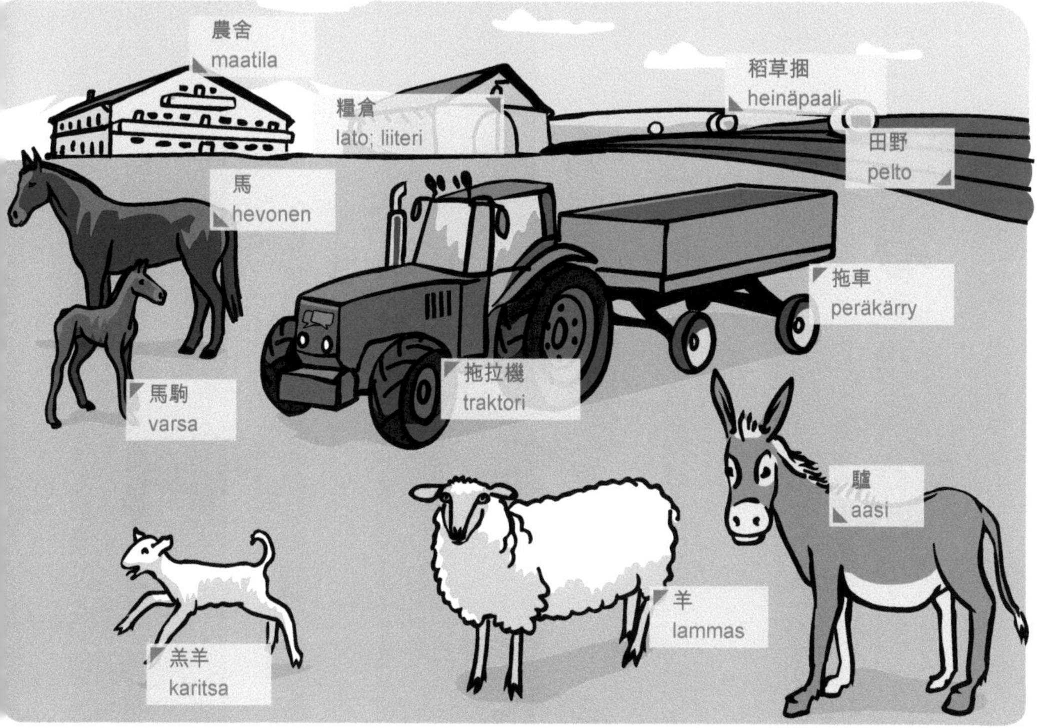

農舍
maatila

糧倉
lato; liiteri

稻草捆
heinäpaali

田野
pelto

馬
hevonen

拖車
peräkärry

馬駒
varsa

拖拉機
traktori

驢
aasi

羔羊
karitsa

羊
lammas

山羊
vuohi

奶牛
lehmä

小牛
vasikka

豬
sika

小豬
porsas

公牛
sonni

鵝

hanhi

鴨

ankka

小雞

tipu

母雞

kana

公雞

kukko

鼠

rotta

貓

kissa

老鼠

hiiri

牛

härkä

狗

koira

狗屋

koirankoppi

花園澆水軟管

puutarhaletku

澆水壺

kastelukannu

長柄大鐮刀

viikate

犁

aura

農場 - maatila

鐮刀
sirppi

鋤頭
kuokka

長柄草耙
talikko

斧頭
kirves

獨輪手推車
kottikärryt

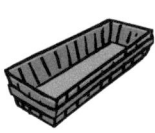

飼料槽
kaukalo

牛奶罐
maitokannu

麻布袋
säkki

柵欄
aita

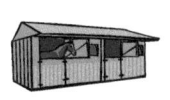

馬廄
talli

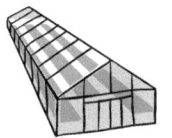

溫室
kasvihuone

土壤
maa

種子
siemen

肥料
lannoite

聯合收割機
leikkuupuimuri

收割

kerätä sato

收割

sato

地瓜

jamssit

小麥

vehnä

大豆

soija

土豆

peruna

玉米

maissi

油菜籽

rypsi

果樹

hedelmäpuu

樹薯

maniokki

穀物

vilja

房子

talo

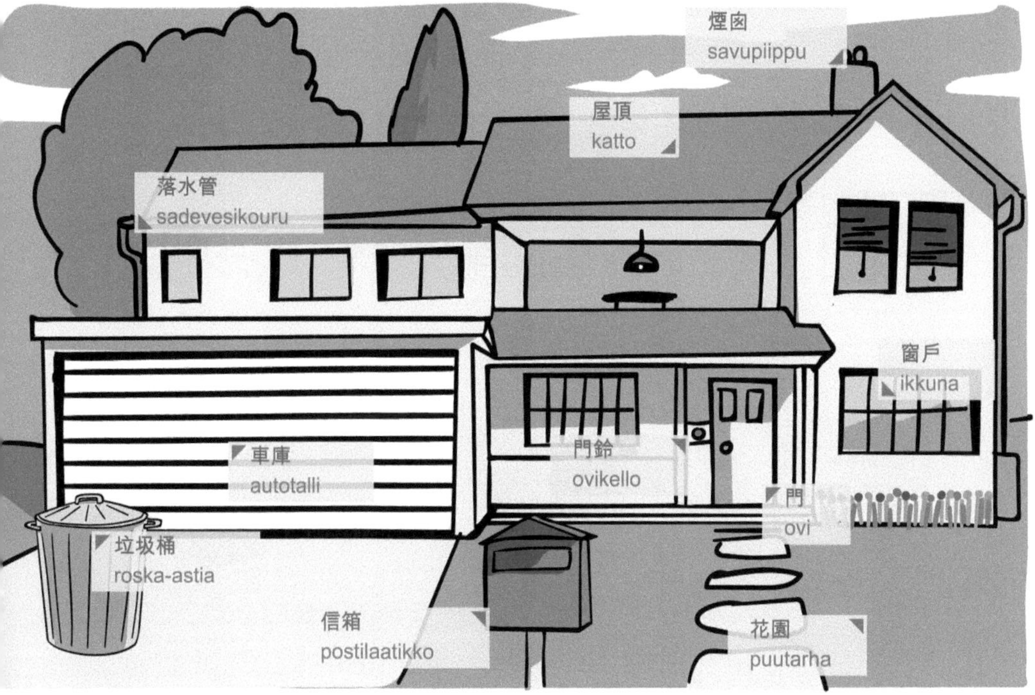
煙囪
savupiippu
屋頂
katto
落水管
sadevesikouru
窗戶
ikkuna
車庫
autotalli
門鈴
ovikello
門
ovi
垃圾桶
roska-astia
信箱
postilaatikko
花園
puutarha

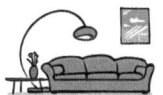

客廳

olohuone

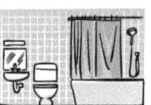

浴室

kylpyhuone

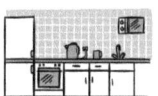

廚房

keittiö

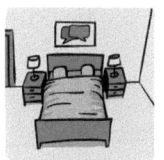

臥室

makuuhuone

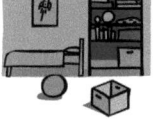

兒童房

lastenhuone

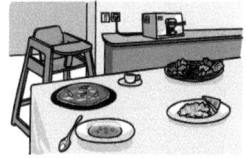

餐廳

ruokahuone

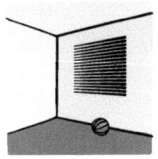

地板

lattia

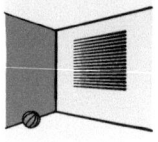

牆壁

seinä

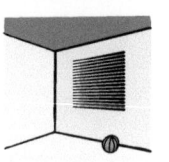

天花板

katto

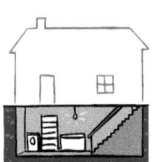

地窖

kellari

三溫暖

sauna

陽臺

parveke

露臺

terassi

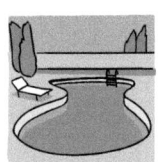

游泳池

uima-allas

割草機

ruohonleikkuri

被單

lakana

床罩

päiväpeitto

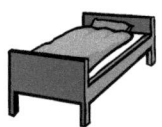

床

sänky

掃帚

harja

水桶

ämpäri

開關

katkaisin

客廳

olohuone

壁紙
tapetti
相片
kuva
檯燈
lamppu
擱架
hylly
櫥櫃
kaappi
電視
televisio
壁爐
takka
花
kukka
墊子
tyyny
沙發
sohva
花瓶
maljakko
遙控器
kaukosäädin

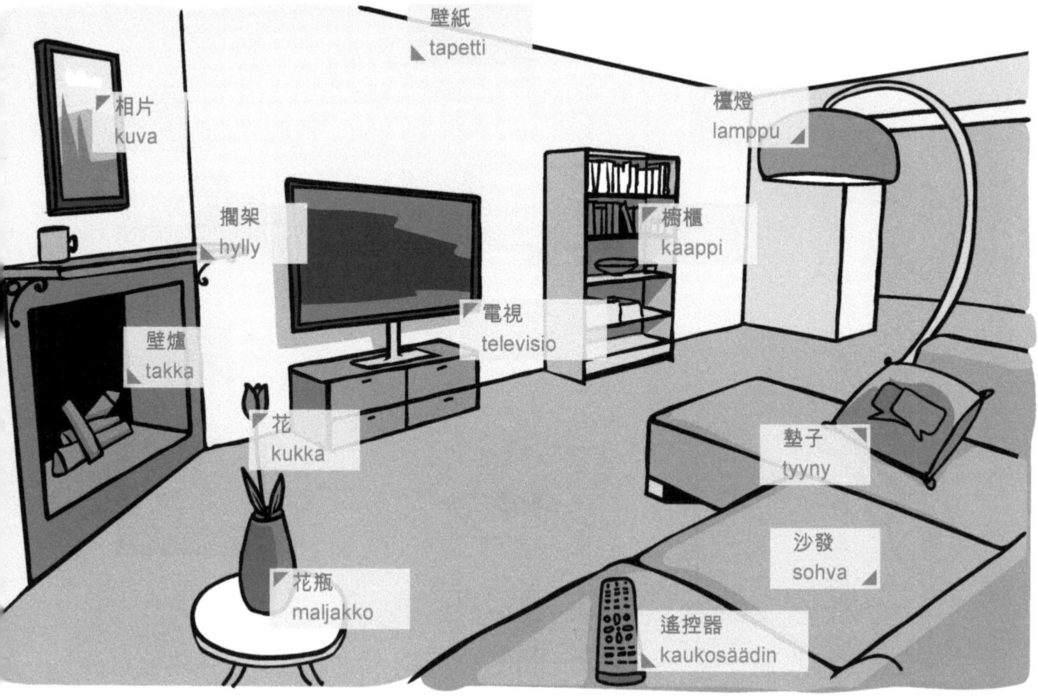

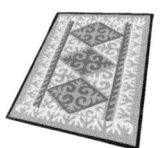

地毯

matto

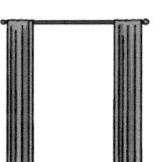

窗簾

verho

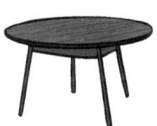

餐桌

pöytä

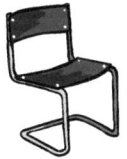

椅子

tuoli

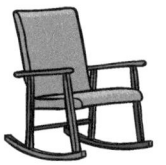

搖椅

keinutuoli

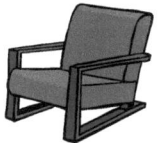

扶手椅

nojatuoli

書
kirja

毯子
peitto

裝飾品
koriste

木柴
polttopuut

電影
elokuva

高傳真音響
stereot

鑰匙
avain

報紙
sanomalehti

油畫
maalaus

海報
juliste

收音機
radio

筆記本
muistivihko

吸塵器
pölynimuri

仙人掌
kaktus

蠟燭
kynttilä

廚房
keittiö

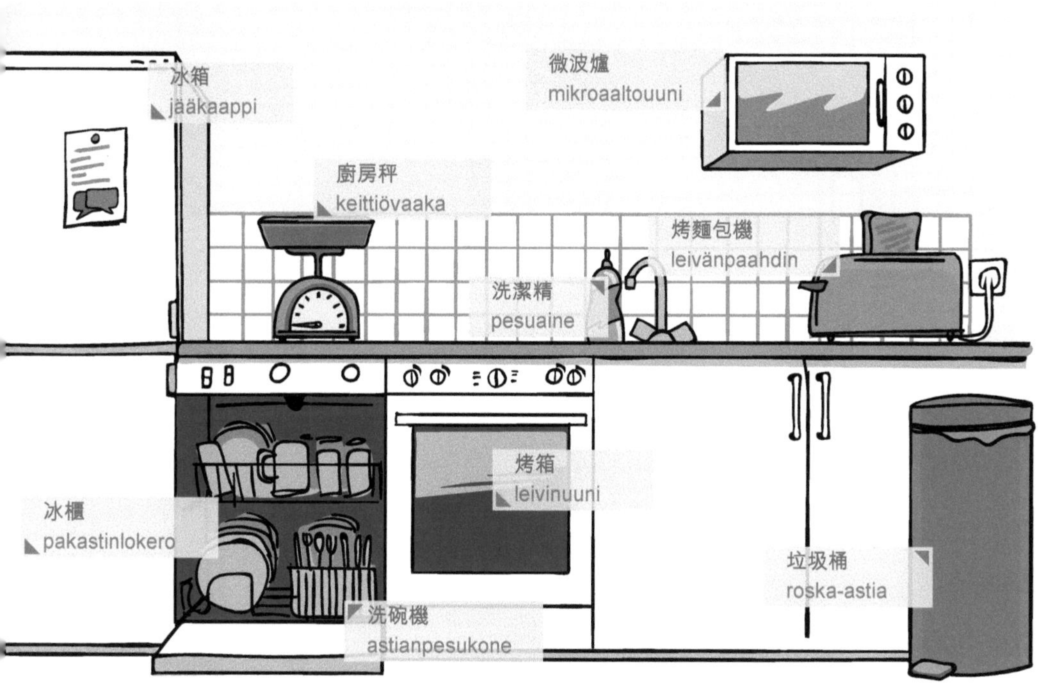

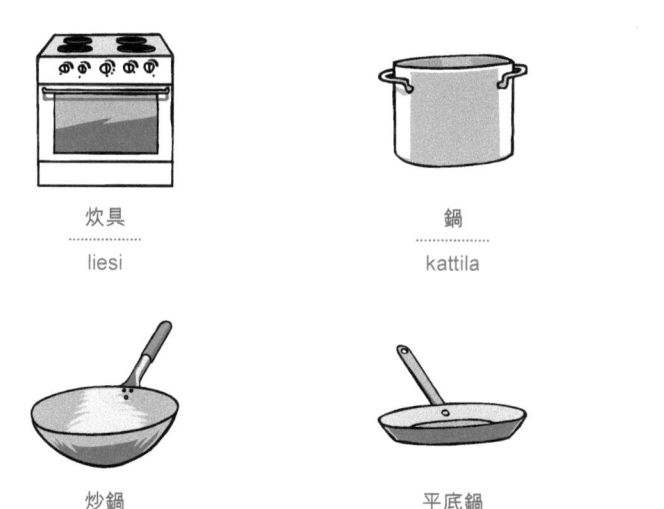

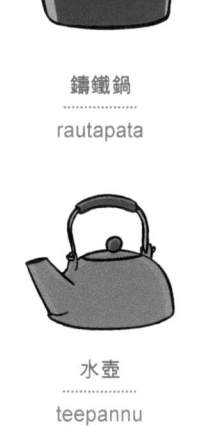

冰箱
jääkaappi
微波爐
mikroaaltouuni
廚房秤
keittiövaaka
烤麵包機
leivänpaahdin
洗潔精
pesuaine
烤箱
leivinuuni
冰櫃
pakastinlokero
垃圾桶
roska-astia
洗碗機
astianpesukone

炊具

liesi

鍋

kattila

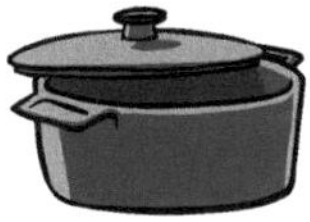

鑄鐵鍋

rautapata

炒鍋

vokkipannu / kadai-pannu

平底鍋

paistinpannu

水壺

teepannu

蒸鍋

höyrykeitin

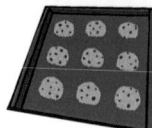

烤盤

uunipelti

陶瓷鍋

astiat

馬克杯

muki

碗

kulho

筷子

syömäpuikot

長柄勺

kauha

鏟子

paistinlasta

攪拌器

vispilä

濾網

siivilä

篩子

siivilä

磨碎機

raastin

研缽

mortteli

燒烤

grilli

明火

avotuli

菜板
leikkuulauta

擀麵杖
kaulin

開瓶器
korkinavaaja

罐子
purkki

開罐器
purkinavaaja

隔熱手套
pannulappu

水槽
lavuaari

刷子
tiskiharja

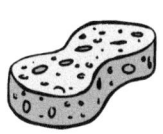
海綿
pesusieni

攪拌機
tehosekoitin

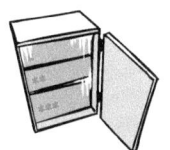
冷藏箱
pakastin

奶瓶
tuttipullo

水龍頭
vesihana

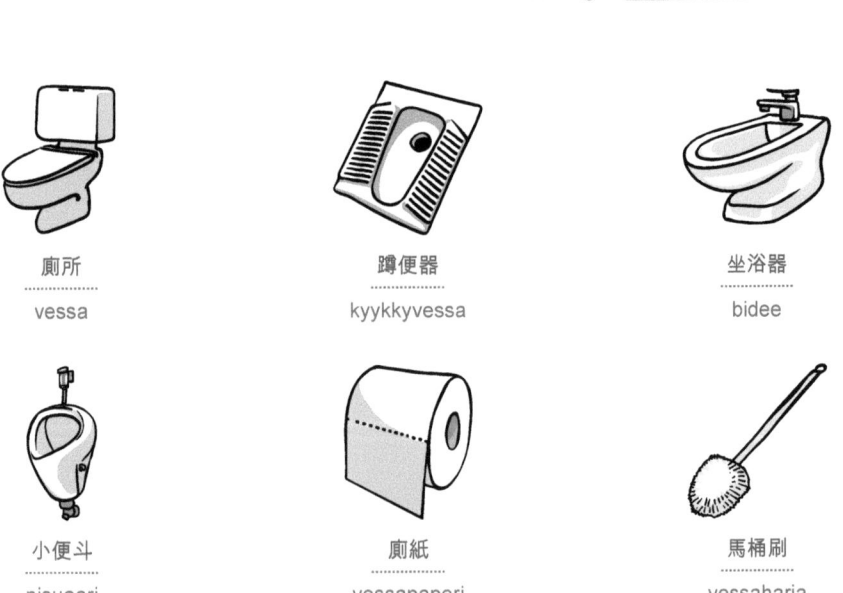

浴室

kylpyhuone

供暖裝置
lämmitys
毛巾
pyyhe
淋浴
suihku
浴簾
suihkuverho
泡沫浴
vaahtokylpy
浴缸
kylpyamme
玻璃杯
lasi
洗衣機
pesukone
水龍頭
vesihana
瓷磚
kaakelit
便壺
potta
水槽
lavuaari

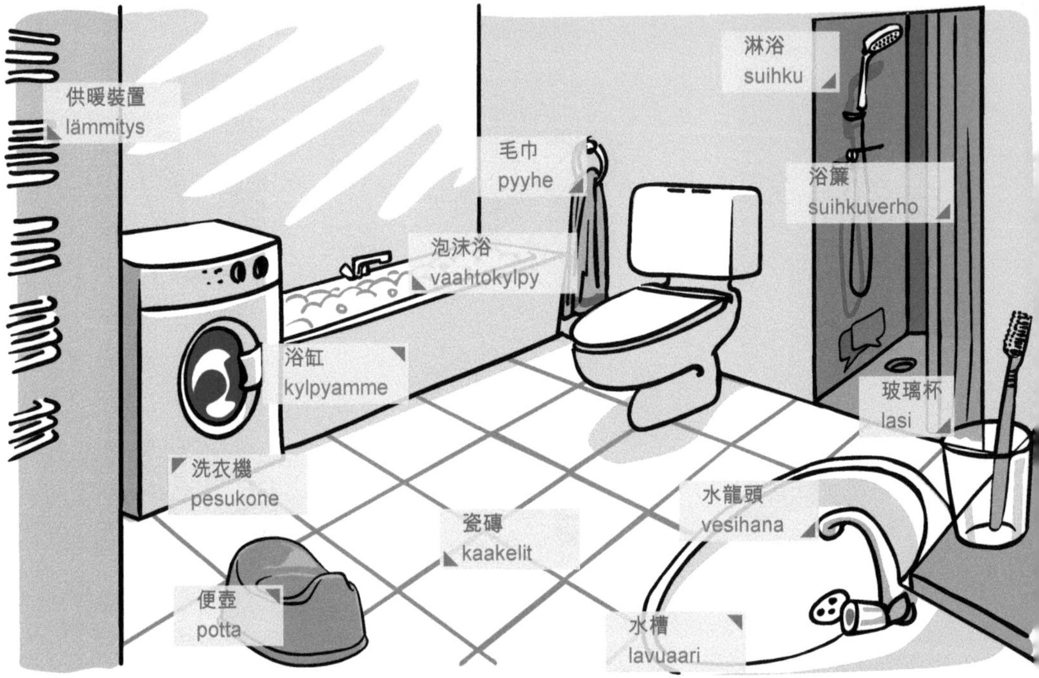

廁所

vessa

蹲便器

kyykkyvessa

坐浴器

bidee

小便斗

pisuaari

廁紙

vessapaperi

馬桶刷

vessaharja

牙刷
hammasharja

牙膏
hammastahna

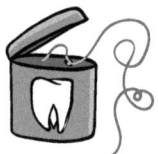

牙線
hammaslanka

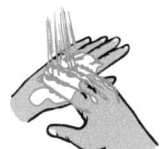

洗
pestä

手持式蓮蓬頭
käsisuihku

沖洗器
intiimisuihku

洗臉盆
pesuvati

洗背刷
selkäharja

肥皂
saippua

沐浴露
suihkugeeli

洗髮乳
shampoo

法蘭絨
pesulappu

排水
viemäri

乳霜
voide

除臭劑
deodorantti

鏡子
peili

手鏡
käsipeili

刮鬍刀
partaveitsi

刮鬍泡沫
partavaahto

鬍後水
partavesi

梳子
kampa

刷子
harja

吹風機
hiustenkuivaaja

噴髮定型劑
hiuslakka

化妝品
meikki

唇膏
huulipuna

指甲油
kynsilakka

化妝棉
pumpuli

指甲剪
kynsisakset

香水
hajuvesi

洗漱包

kosmetiikkalaukku

凳子

jakkara

計重秤

vaaka

浴袍

kylpytakki

橡膠手套

kumihansikkaat

衛生棉條

tamponi

衛生棉

terveysside

化學廁所

kemiallinen wc

lastenhuone

兒童房

開鐘
herätyskello

毛絨玩具
pehmolelu

玩具車
leikkiauto

玩具屋
nukkekoti

禮物
lahja

撥浪鼓
helistin

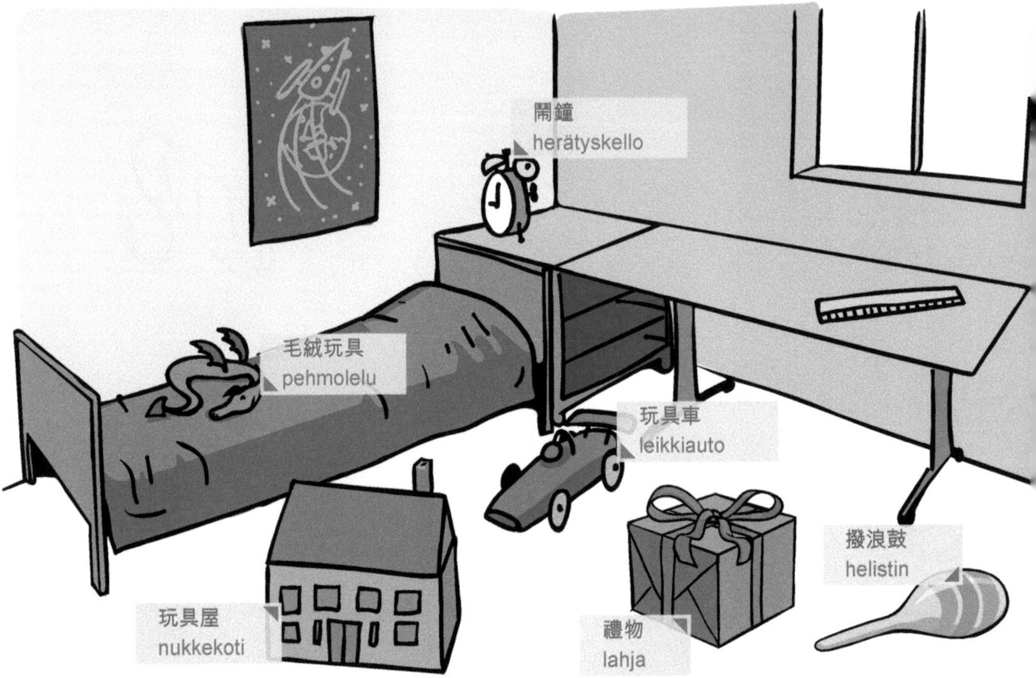

氣球

ilmapallo

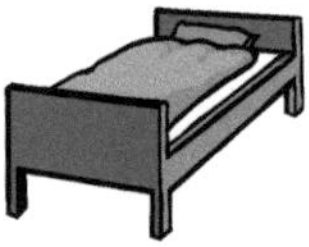

床

sänky

嬰兒車

lastenvaunut

撲克牌

korttipeli

拼圖

palapeli

漫畫

sarjakuva

樂高積木

legopalikat

積木玩具

rakennuspalikat

公仔

supersankari

嬰兒服

potkupuku

飛盤

frisbee

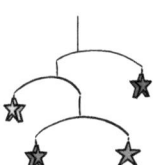

床鈴玩具

mobile

棋盤遊戲

lautapeli

骰子

noppa

火車模型

pienoisjunarata

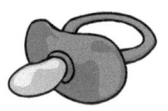

安撫奶嘴

tutti

派對

juhlat

繪本

kuvakirja

球

pallo

洋娃娃

nukke

玩

leikkiä

沙坑

hiekkalaatikko

鞦韆

keinu

玩具

lelut

電玩遊戲

pelikonsoli

三輪車

kolmipyörä

泰迪熊

nalle

衣櫃

vaatekaappi

衣服

vaatteet

襪子

sukat

長襪

nylonsukat

緊身褲

sukkahousut

圍巾
kaulaliina

雨傘
sateenvarjo

皮帶
vyö

T恤
t-paita

運動鞋
lenkkarit

靴子
saappaat

拖鞋
sisätossut

涼鞋
sandaalit

鞋
kengät

雨靴
kumisaappaat

內褲
alushousut

胸罩
rintaliivit

背心
aluspaita

身體

body

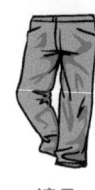

褲子

housut

牛仔褲

farkut

短裙

hame

女式襯衫

pusero

襯衫

paita

套頭衫

villapaita

連帽上衣

collegepaita

西裝夾克

jakku

夾克

takki

外套

takki

雨衣

sadetakki

套裝

puku

連衣裙

mekko

婚紗

hääpuku

西裝

puku

睡袍

yöpaita

睡衣

pyjama

莎麗

shari

頭巾

päähuivi

包頭巾

turbaani

波卡

burka

卡夫坦

kaftaani

(阿拉伯式)長袍

abaya

泳衣

uimapuku

男式泳褲

uimahousut

短褲

shortsit

運動服

verkkarit

圍裙

esiliina

手套

käsineet

衣服 - vaatteet

鈕扣

nappi

眼鏡

silmälasit

手鏈

rannekoru

項鍊

kaulakoru

戒指

sormus

耳環

korvakoru

便帽

lippalakki

衣架

ripustin

帽子

hattu

領帶

solmio

拉鍊

vetoketju

安全帽

kypärä

背帶

henkselit

校服

koulupuku

制服

univormu

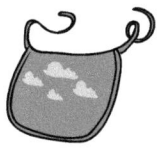

圍兜
ruokalappu

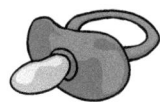

安撫奶嘴
tutti

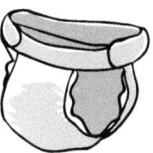

尿布
vaippa

辦公室
toimisto

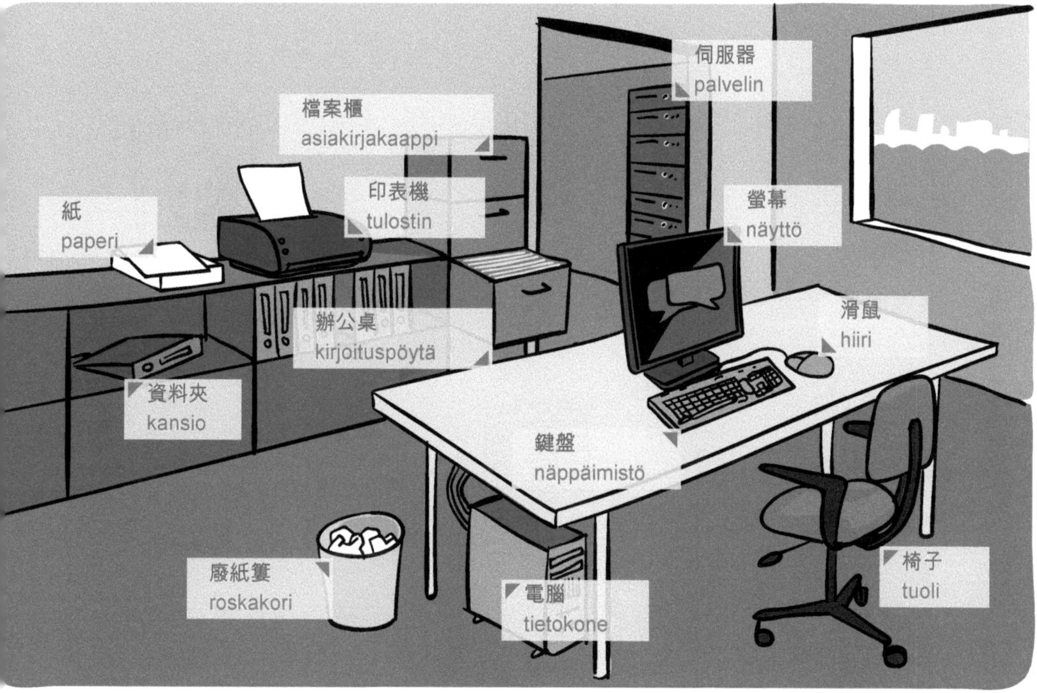
伺服器
palvelin
檔案櫃
asiakirjakaappi
紙
paperi
印表機
tulostin
螢幕
näyttö
辦公桌
kirjoituspöytä
滑鼠
hiiri
資料夾
kansio
鍵盤
näppäimistö
廢紙簍
roskakori
電腦
tietokone
椅子
tuoli

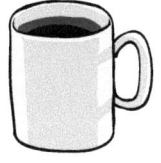

咖啡杯
kahvimuki

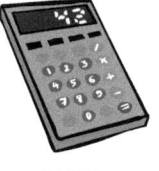

計算機
taskulaskin

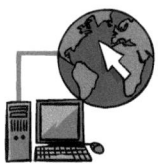

網際網路
internet

筆記型電腦

kannettava tietokone

信件

kirje

簡訊

viesti

行動電話

kännykkä

網路

verkko

影印機

kopiokone

軟體

ohjelmisto

電話

puhelin

插座

pistorasia

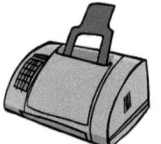

傳真機

faksi

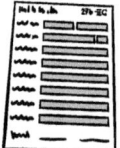

表格

lomake

檔案

asiakirja

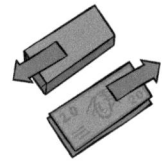

買
ostaa

付錢
maksaa

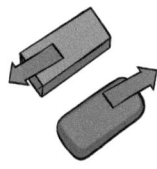

交易
vaihtaa

現金
raha

美元
dollari

歐元
euro

日元
jeni

盧布
rupla

瑞士法郎
frangi

人民幣
renminbi juan

盧比
rupia

提款處
pankkiautomaatti

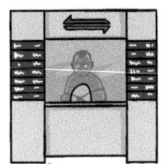

外幣兌換處

rahanvaihto

金

kulta

銀

hopea

石油

öljy

能源

energia

價格

hinta

合約

sopimus

稅金

vero

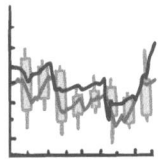

股票

osake

工作

työskennellä

職員

työntekijä

老闆

työnantaja

工廠

tehdas

商店

liike

職業
ammatit

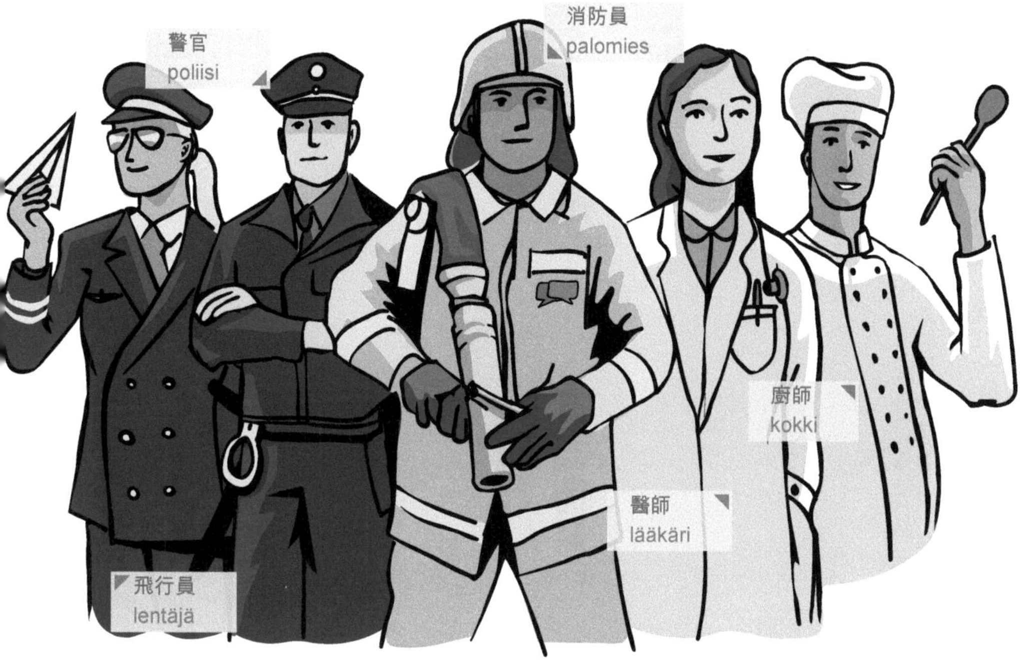
警官
poliisi
消防員
palomies
廚師
kokki
醫師
lääkäri
飛行員
lentäjä

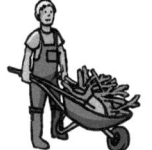

園丁
puutarhuri

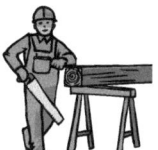

木匠
puuseppä

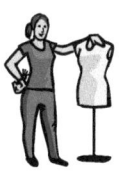

裁縫
ompelija

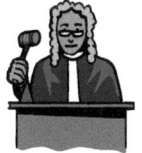

法官
tuomari

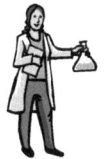

化學家
kemisti

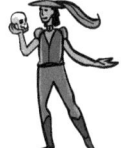

演員
näyttelijä

公車司機

linja-autonkuljettaja

計程車司機

taksinkuljettaja

漁夫

kalastaja

清洗女工

siivooja

屋頂工

katontekijä

服務生

tarjoilija

獵人

metsästäjä

畫家

maalari

麵包師

leipuri

電工

sähköasentaja

建築工人

rakentaja

工程師

insinööri

屠夫

teurastaja

水管工

putkiasentaja

郵差

postinjakaja

士兵

sotilas

建築師

arkkitehti

收銀員

kassanhoitaja

花農

floristi

理髮師

kampaaja

售票員

konduktööri

機械技師

mekaanikko

船長

kapteeni

牙醫

hammaslääkäri

科學家

tiedemies

拉比

rabbi

伊瑪目

imaami

和尚

munkki

牧師

pappi

工具
työkalut

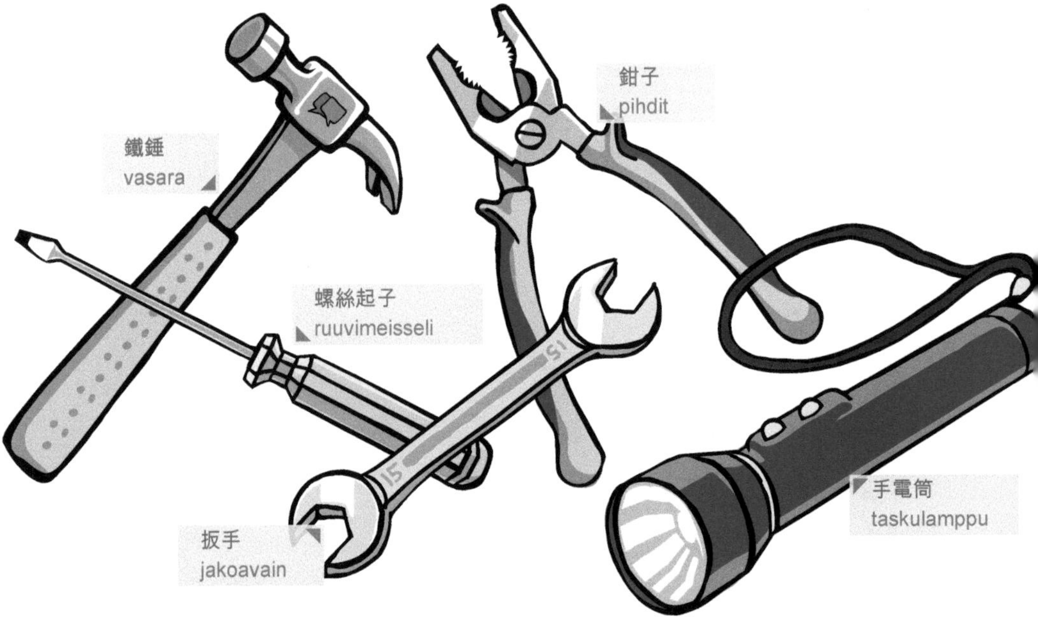
鐵鎚
vasara
鉗子
pihdit
螺絲起子
ruuvimeisseli
扳手
jakoavain
手電筒
taskulamppu

挖掘機
kaivinkone

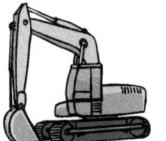

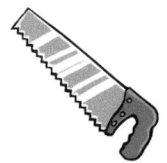

工具箱
työkalupakki

梯子
tikkaat

鋸子
saha

釘子
naulat

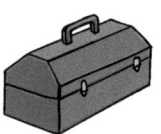

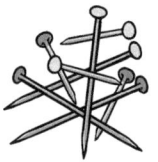

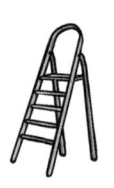

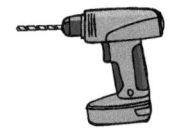

鑽機
pora

修
korjata

鏟子
lapio

糟糕！
Hitto!

畚箕
rikkalapio

油漆桶
maalipurkki

螺絲
ruuvit

樂器
soittimet

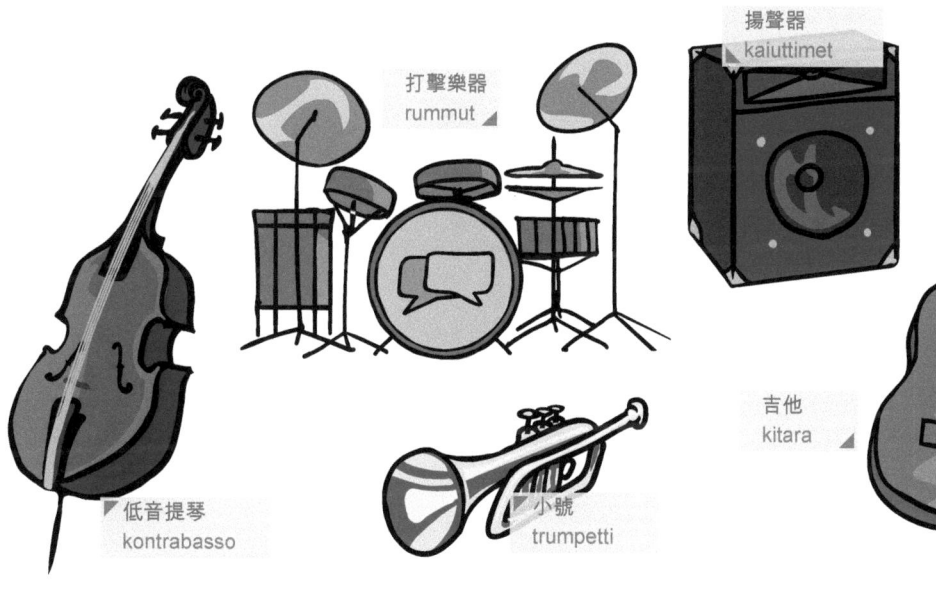

打擊樂器
rummut

揚聲器
kaiuttimet

低音提琴
kontrabasso

小號
trumpetti

吉他
kitara

鋼琴

piano

小提琴

viulu

貝斯

basso

定音鼓

patarummut

鼓

rumpu

電子琴

kosketinsoitin

薩克斯風

saksofoni

長笛

huilu

麥克風

mikrofoni

動物園

eläintarha

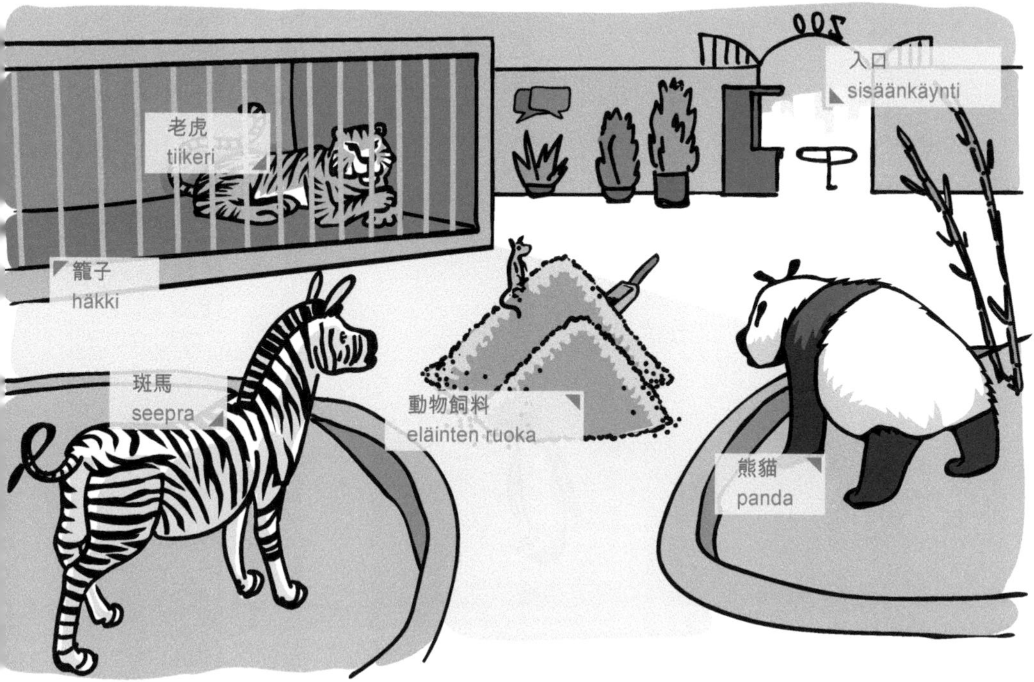

200
入口
sisäänkäynti
老虎
tiikeri
籠子
häkki
斑馬
seepra
動物飼料
eläinten ruoka
熊貓
panda

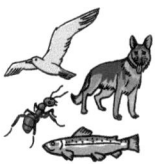

動物

eläimet

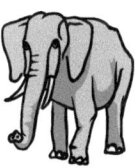

大象

norsu

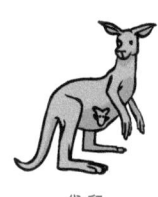

袋鼠

kenguru

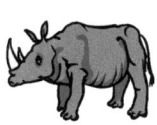

犀牛

sarvikuono

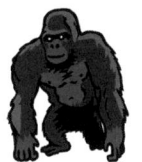

大猩猩

gorilla

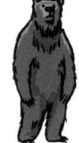

熊

karhu

駱駝

kameli

鴕鳥

strutsi

獅子

leijona

猴子

apina

紅鶴

flamingo

鸚鵡

papukaija

北極熊

jääkarhu

企鵝

pingviini

鯊魚

hai

孔雀

riikinkukko

蛇

käärme

鱷魚

krokotiili

動物園管理員

eläintarhanhoitaja

海豹

hylje

美洲豹

jaguaari

矮種馬

poni

豹

leopardi

河馬

virtahepo

長頸鹿

kirahvi

老鷹

kotka

野豬

villisika

魚

kala

龜

kilpikonna

海象

mursu

狐狸

kettu

羚羊

gaselli

橄欖球
amerikkalainen jalkapallo

騎腳踏車
pyöräily

網球
tennis

籃球
koripallo

游泳
uinti

拳擊
nyrkkeily

冰球
jääkiekko

美式足球
jalkapallo

羽毛球
sulkapallo

田徑
yleisurheilu

手球
käsipallo

滑雪
hiihto

馬球
poolo

跳
hypätä

擁抱
halata

笑
nauraa

走路
kävellä

唱
laulaa

祈禱
rukoilla

親吻
suudella

做夢
unelmoida

書寫
kirjoittaa

畫
piirtää

展示
näyttää

推
painaa

給
antaa

拿
ottaa

有
omistaa

做
tehdä

當
olla

站
seisoa

跑
juosta

拉
vetää

丟
heittää

摔倒
kaatua

躺
maata

等待
odottaa

攜帶
kantaa

坐
istua

穿衣
pukeutua

睡覺
nukkua

醒來
herätä

看
katsoa

哭
itkeä

擊
silittää

梳頭
kammata

交談
puhua

明白
ymmärtää

問
kysyä

聽
kuunnella

喝
juoda

吃
syödä

清理
siivota

愛
rakastaa

做飯
keittää

開車
ajaa

飛
lentää

航行

purjehtia

計算

laskea

讀

lukea

學習

oppia

工作

työskennellä

結婚

mennä naimisiin

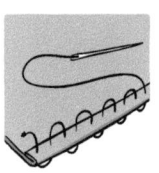

縫

ommella

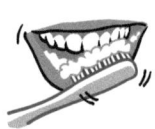

刷牙

pestä hampaat

殺

tappaa

抽菸

tupakoida

寄

lähettää

祖母
mummo

祖父
ukki

父親
isä

母親
äiti

嬰兒
vauva

女兒
tytär

兒子
poika

客人

vieras

阿姨

täti

叔叔

setä

兄弟

veli

姐妹

sisko

身體

vartalo

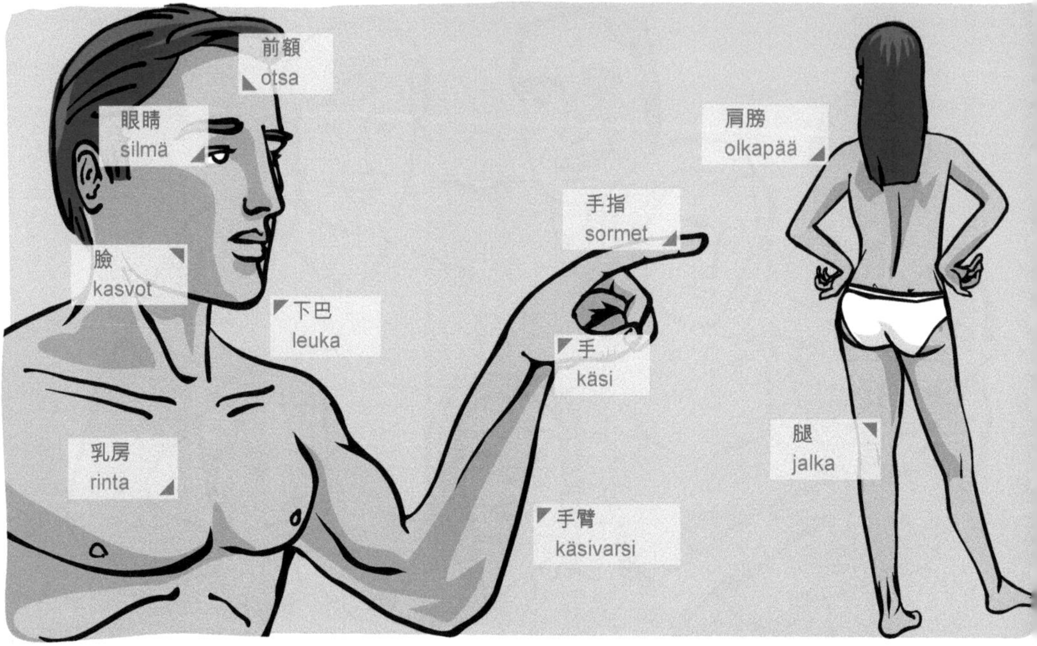

前額
otsa
眼睛
silmä
肩膀
olkapää
手指
sormet
臉
kasvot
下巴
leuka
手
käsi
腿
jalka
乳房
rinta
手臂
käsivarsi

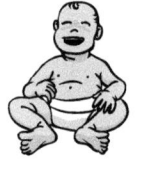

嬰兒

vauva

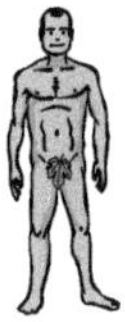

男人

mies

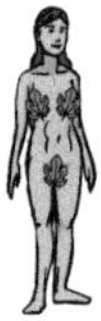

女人

nainen

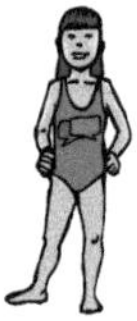

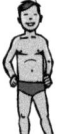

女孩

tyttö

男孩

poika

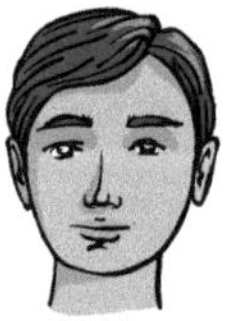

頭

pää

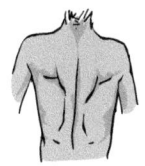

背部
selkä

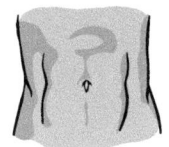

肚子
maha

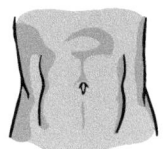

肚臍
napa

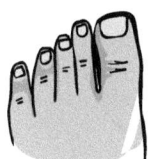

腳趾
varvas

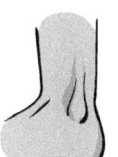

腳後跟
kantapää

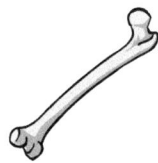

骨頭
luu

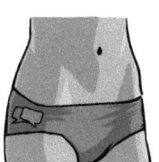

臀部
lantio

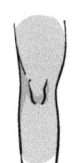

膝蓋
polvi

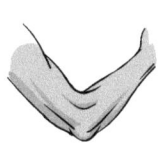

手肘
kyynärpää

鼻子
nenä

屁股
takapuoli

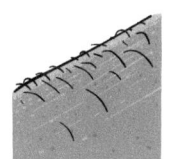

皮膚
iho

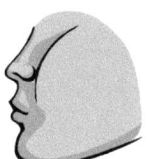

臉頰
poski

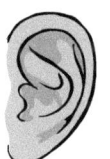

耳朵
korva

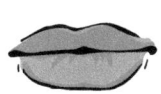

嘴唇
huuli

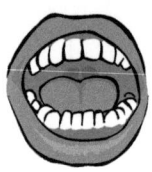

嘴
suu

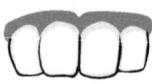

牙齒
hammas

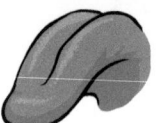

舌頭
kieli

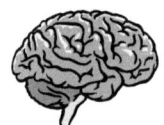

腦
aivot

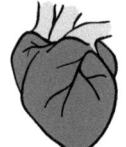

心臟
sydän

肌肉
lihas

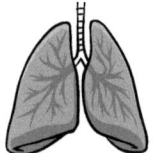

肺
keuhkot

肝臟
maksa

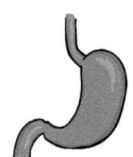

胃
vatsa

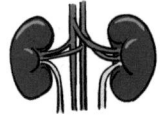

腎臟
munuaiset

性交
seksi

保險套
kondomi

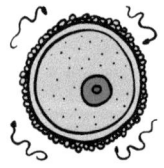

卵子
munasolu

精子
sperma

懷孕
raskaus

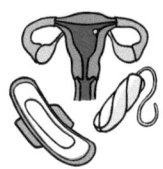

月事

kuukautiset

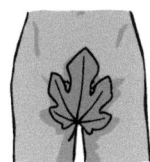

陰道

vagina

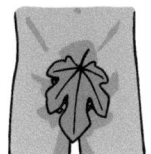

陰莖

penis

眉毛

kulmakarvat

頭髮

hiukset

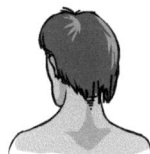

脖子

niska

醫院

sairaala

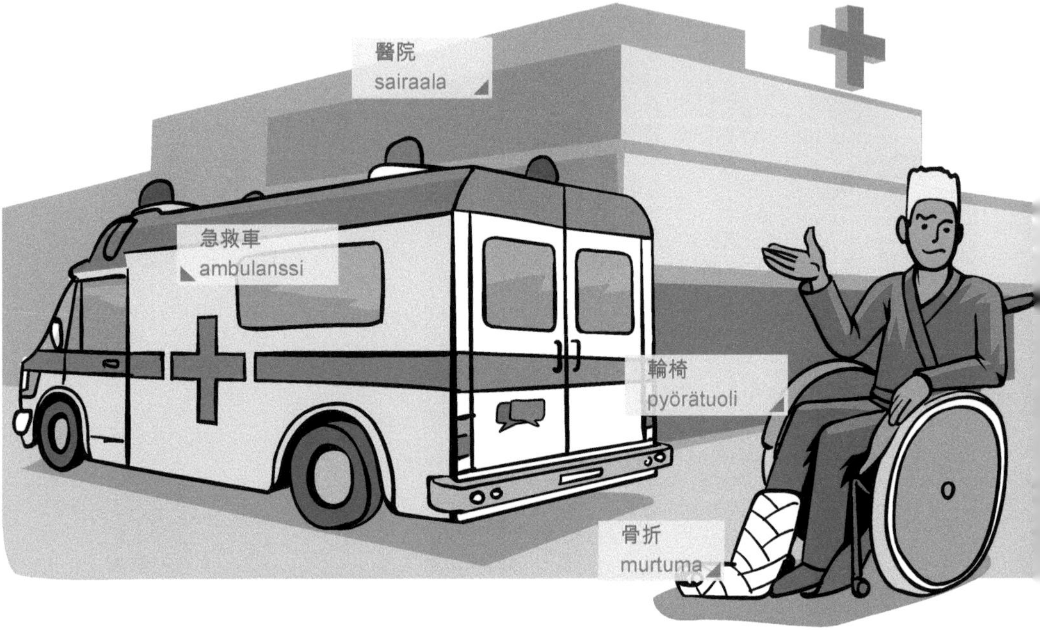

醫院
sairaala
急救車
ambulanssi
輪椅
pyörätuoli
骨折
murtuma

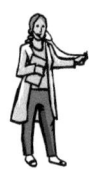

醫師

lääkäri

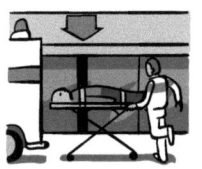

急診室

ensiapu

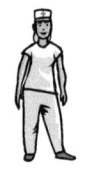

護理師

sairaanhoitaja

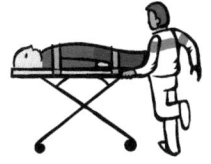

緊急情形

hätätilanne

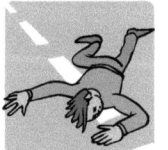

昏迷

tajuton

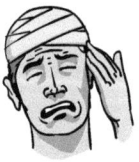

痛

kipu

受傷
vamma

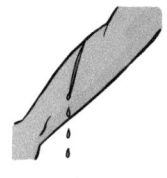

出血
verenvuoto

心臟病發作
sydänkohtaus

中風
aivoinfarkti

過敏
allergia

咳嗽
yskä

發燒
kuume

流感
flunssa

腹瀉
ripuli

頭痛
päänsärky

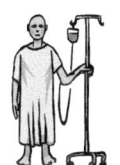

癌症
syöpä

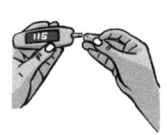

糖尿病
diabetes

外科醫師
kirurgi

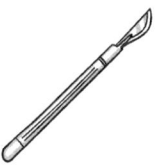

手術刀
veitsi

手術
leikkaus

電腦斷層掃描
ct

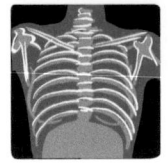

X光
röntgen

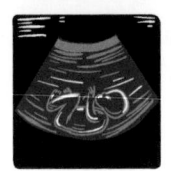

超音波
ultraääni

口罩
maski

疾病
sairaus

候診室
odotushuone

拐杖
sauva

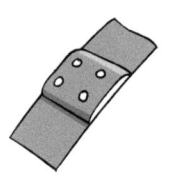

石膏
laastari

繃帶
side

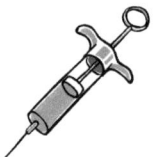

注射
pistos

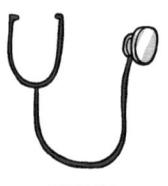

聽診器
stetoskooppi

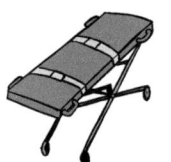

擔架
paarit

體溫計
kuumemittari

出生
syntymä

超重
ylipaino

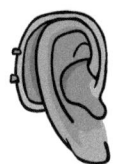

助聽器
kuulolaite

消毒液
desinfiointiaine

感染
infektio

病毒
virus

愛滋病
HIV / AIDS

藥物
lääke

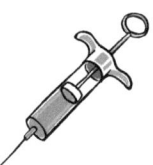

接種疫苗
rokotus

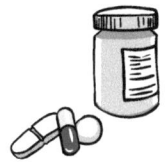

藥片
tabletit

藥丸
pilleri

急救電話
hätäpuhelu

血壓計
verenpainemittari

生病/健康
sairas / terve

醫院 - sairaala

救命！

Apua!

警報

hälytys

突擊

ryöstö

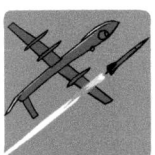

攻擊

hyökkäys

危險

vaara

緊急出口

hätäuloskäynti

失火了！

Tulipalo!

滅火器

palosammutin

意外

onnettomuus

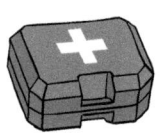

急救箱

ensiapulaukku

呼救訊號

SOS

員警

poliisilaitos

歐洲

Eurooppa

北美洲

Pohjois-Amerikka

南美洲

Etelä-Amerikka

非洲

Afrikka

亞洲

Aasia

澳洲

Australia

大西洋

Atlantin valtameri

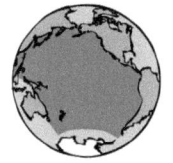

太平洋

Tyynimeri

印度洋

Intian valtameri

南冰洋

Eteläinen jäämeri

北冰洋

Pohjoinen jäämeri

北極

pohjoisnapa

南極
etelänapa

南極洲
Antarktis

地球
maa

陸地
maa

海
meri

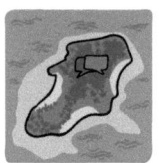

島
saari

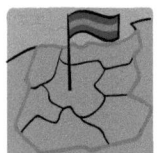

國家
kansa

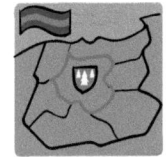

州
osavaltio

錶盤
kellotaulu

時針
tuntiviisari

分針
minuuttiviisari

秒針
sekuntiviisari

現在幾點？
Paljonko kello on?

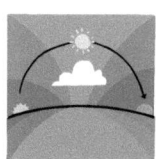

天
päivä

時間
aika

現在
nyt

電子錶
digitaalikello

分
minuutti

時
tunti

週

viikko

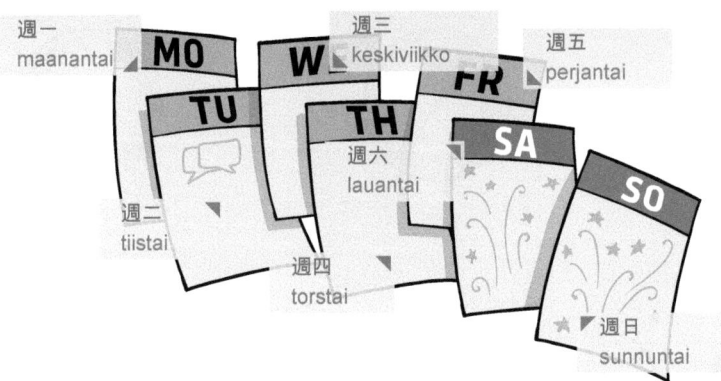

週一 maanantai

週三 keskiviikko

週五 perjantai

週二 tiistai

週六 lauantai

週四 torstai

週日 sunnuntai

昨天
....
eilen

今天
....
tänään

明天
....
huomenna

早晨
....
aamu

中午
....
keskipäivä

晚上
....
ilta

工作日
....
työpäivät

週末
....
viikonloppu

雨
▶ sade

彩虹
sateenkaari

雪
lumi

風
tuuli

春
kevät

秋
syksy

夏
kesä

冬
talvi

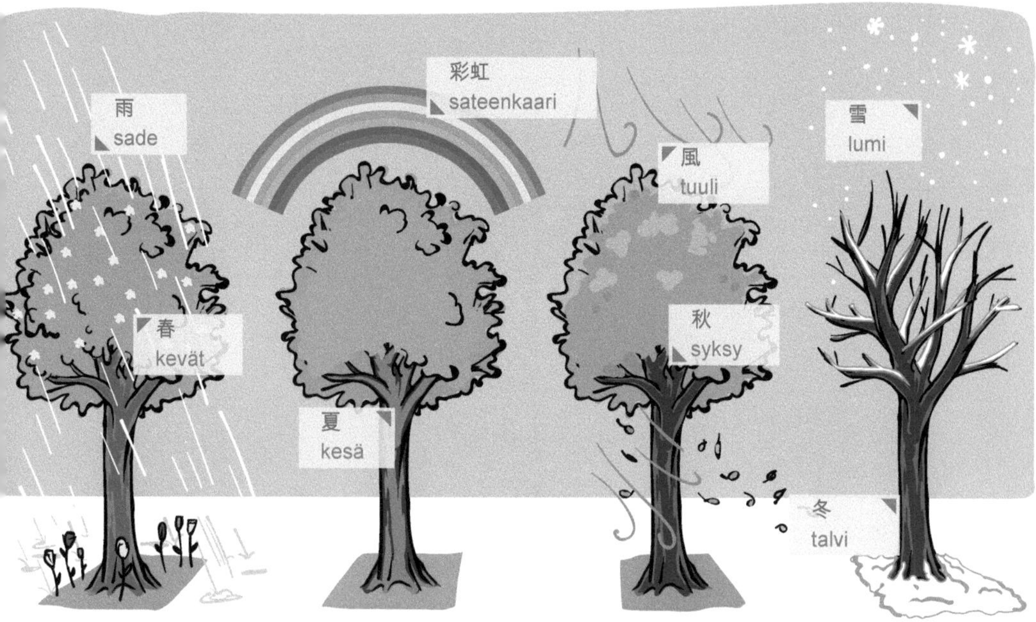

天氣預告
sääennuste

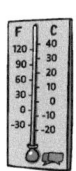

溫度計
lämpömittari

陽光
auringonpaiste

雲
pilvi

霧
sumu

潮濕
ilmankosteus

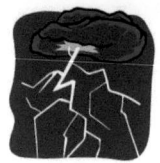

閃電
salama

打雷
ukkonen

風暴
myrsky

冰雹
rae

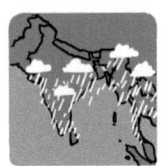

季風
monsuuni

洪水
tulva

冰
jää

一月
tammikuu

二月
helmikuu

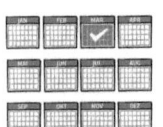

三月
maaliskuu

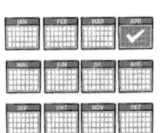

四月
huhtikuu

五月
toukokuu

六月
kesäkuu

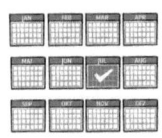

七月
heinäkuu

八月
elokuu

年 - vuosi

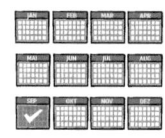

九月

syyskuu

十月

lokakuu

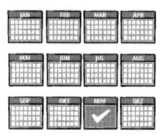

十一月

marraskuu

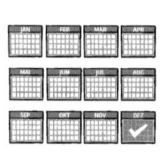

十二月

joulukuu

形狀

muodot

圓形

ympyrä

正方形

neliö

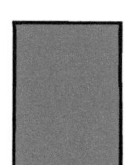

長方形

suorakulmio

三角形

kolmio

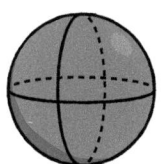

球體

pallo

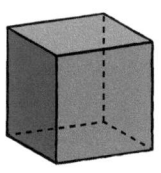

立方體

kuutio

白

valkoinen

黃

keltainen

橙

oranssi

粉

vaaleanpunainen

紅

punainen

紫

violetti

藍

sininen

綠

vihreä

棕

ruskea

灰

harmaa

黑

musta

很多/少許

paljon / vähän

生氣/平靜

vihainen / ystävällinen

美/醜

kaunis / ruma

首/尾

alku / loppu

大/小

suuri / pieni

明/暗

vaalea / tumma

兄弟/姐妹

veli / sisko

乾淨/骯髒

puhdas / likainen

完整/缺失

täydellinen / epätäydellinen

白天/晚上

päivä / yö

死/生

kuollut / elävä

寬/窄

leveä / kapea

可食用/非食用

syötävä / syömäkelvoton

邪惡/善良

paha / kiltti

興奮/無聊

innostunut / tylsistynyt

胖/瘦

lihava / laiha

第一/最後

ensimmäinen / viimeinen

朋友/敵人

ystävä / vihollinen

滿/空

täysi / tyhjä

硬/軟

kova / pehmeä

重/輕

painava / kevyt

餓/渴

nälkä / jano

生病/健康

sairas / terve

非法/合法

laiton / laillinen

聰明/愚笨

älykäs / tyhmä

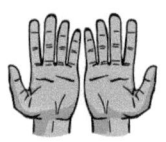

左/右

vasen / oikea

近/遠

lähellä / kaukana

新/舊
uusi / käytetty

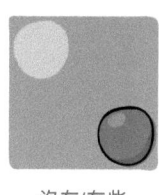

沒有/有些
ei mitään / jotain

老/幼
vanha / nuori

開/關
päällä / pois päältä

打開/闔上
auki / kiinni

安靜/吵鬧
hiljainen / äänekäs

富/窮
rikas / köyhä

對/錯
oikein / väärin

粗糙/光滑
karhea / sileä

傷心/高興
surullinen / iloinen

短/長
lyhyt / pitkä

慢/快
hidas / nopea

濕/乾
märkä / kuiva

溫暖/涼爽
lämmin / viileä

戰爭/和平
sota / rauha

numerot

0

零

nolla

1

一

yksi

2

二

kaksi

3

三

kolme

4

四

neljä

5

五

viisi

6

六

kuusi

7

七

seitsemän

8

八

kahdeksan

9

九

yhdeksän

10

十

kymmenen

11

十一

yksitoista

12
十二
kaksitoista

13
十三
kolmetoista

14
十四
neljätoista

15
十五
viisitoista

16
十六
kuusitoista

17
十七
seitsemäntoista

18
十八
kahdeksantoista

19
十九
yhdeksäntoista

20
二十
kaksikymmentä

100
百
sata

1.000
千
tuhat

1.000.000
百萬
miljoona

英語

englanti

美式英語

amerikanenglanti

普通話

mandariinikiina

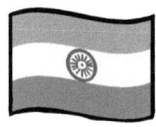

印地語

hindi

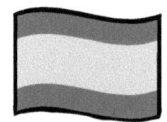

西班牙語

espanja

法語

ranska

阿拉伯語

arabia

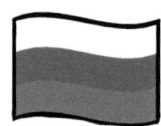

俄語

venäjä

葡萄牙語

portugali

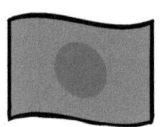

孟加拉語

bengali

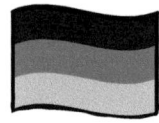

德語

saksa

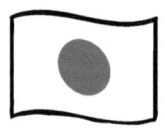

日語

japani

我

minä

你

sinä

他/她/它

hän

我們

me

你們

te

他們

he

誰？

kuka?

什麼？

mitä / mikä?

如何？

miten?

何處？

missä?

何時？

milloin?

名字

nimi

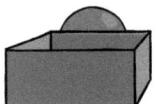

後面

takana

裡面

sisällä

前面

edessä

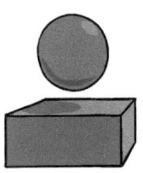

上方

yläpuolella

上面

päällä

下麵

alapuolella

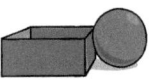

旁邊

vieressä

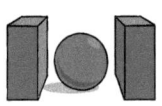

中間

välissä

地點

paikka